AF168302

Schizophrenie für Anfänger

Eine verständliche Einführung
für psychisch Kranke
und Interessierte

Stefan Pfeiffer, Essen 2014
Psychiatrieerfahren seit 1999

Bibliografische Information der Deutschen Nationalbibliothek:
Die Deutsche Nationalbibliothek verzeichnet diese Publikation
in der Deutschen Nationalbibliographie; detaillierte bibliografische
Daten sind im Internet über http://dnb.dnb.de abrufbar.

© 2014 Stefan Pfeiffer

Herstellung und Verlag:
BoD – Books on Demand, Norderstedt

ISBN 978-3-7357-5624-4

„Die Broschüre ist ganz sicher ein Plädoyer für Autonomie, Selbst-bewusstsein und Selbstannahme in der psychischen Erkrankung. Mit teils heiteren, kritischen wie auch wirklich gut erklärten sachbezogenen Antworten gibt es Einblick in Gefühlswelten des „Anders-sein."

Watraud Etse

Soziotherapeutin

Integrative Therapie

Essen

Inhalt:

Einleitung

Bei Ihnen wurde eine psychische Krankheit diagnostiziert. Es gibt Krankheiten, die bekannt und allgemein akzeptiert sind, wie beispielsweise die Depression oder das Burn-Out-Syndrom. Andere Krankheitsbilder sind unbekannter, beispielsweise das der Schizophrenie. Hier trifft man oft auf Ängste und Vorurteile, und sowohl der Kranke als auch deren Angehörige sind verunsichert.

Als Betroffener hat man das Problem, dass auf einen Kranken zwei Krankenpfleger und zehn Angehörige und Freunde kommen, so dass die meiste Literatur zwar über, aber nicht für Kranke geschrieben wurde. Viele Krankheiten galten lange Zeit als unheilbar, deswegen wurden sie behandelt, ohne dass man wusste, ob es dem Erkrankten wirklich gut tat. Literatur über psychische Krankheiten gibt es zu Hauf, aber selten Bücher, die uns Erkrankten wirklich helfen.

Fachliteratur verunsichert eher, als sie hilft, weil sie oft widersprüchliche, einseitige oder falsche Informationen enthält. Auch wenn Sie über Ihre Probleme reden wollen, werden Sie nun oft zu hören bekommen: „Das hängt mit Ihrer Krankheit zusammen" oder man wird oft von Ihnen Krankheitseinsicht fordern. Als Betroffener erschwert uns das den Umgang mit der Krankheit, weil wir es oft mit einem kritischen und verunsicherten Umfeld zu tun haben, das unsere Probleme noch vermehrt, statt zu helfen.

In der psychiatriekritischen Literatur fordert man, ganz auf Diagnosen zu verzichten, da Menschen damit in Schubladen geschoben würden. In der Praxis sind Diagnosen aber auch sinnvoll, weil man Krankheiten so in Gruppen aufteilen kann, um spezielle Behandlungskonzepte auszuarbeiten oder bei der Krankenkasse abzurechnen. Es gibt nicht *die* Schizophrenie, sondern Krankheiten aus dem schizophrenen Formenkreis. Entweder man ist gesund, oder man hat einen Schnupfen, dann ist man krank. Bei psychischen Erkrankungen ist das anders. Krank bedeutet nicht automatisch „schlecht," und es bedeutet auch nicht, dass alle Schizophrenen die gleichen oder ähnliche Probleme haben.

Vergleichen Sie eine Diagnose mit einem Sternzeichen. Sternzeichen unterteilen Menschen in zwölf Gruppen, aber dennoch darf jeder sein, wie er ist. Man kann Horoskope interessiert lesen, aber zugleich ihren Wahrheitsgehalt in Frage stellen. Die Diagnose sagt also über Ihre Eigenschaften als Mensch nichts aus. Sich als Mensch schlecht oder schuldig zu fühlen, weil man als psychisch krank bezeichnet wird, nennt man Selbststigmatisierung. Hüten Sie sich davor. Sie sind auch mit einer psychischen Erkrankung immer noch ein vollwertiger Mensch. Behalten Sie auch in der Krankheit Ihre Würde.

Vorbereitungen

Es macht Sinn, sich in den Phasen, in denen es einem gut geht, über seine Krankheit zu informieren, um auf die Phasen vorbereitet zu sein, in denen es einem schlecht geht. In den Kliniken werden Ihre aktuellen Symptome behandelt, aber aufgrund der Komplexität psychischer Krankheiten kann wenig Aufklärungsarbeit geleistet werden.

Eigeninitiative ist daher ein wichtiger Faktor bei der Krankheitsbewältigung. Es geht um Ihre Gesundheit, deswegen sollten Sie anderen nicht das Denken überlassen. Bei der Lektüre von Fachliteratur müssen Sie ein wenig umdenken, da diese Literatur eben über, nicht für Kranke geschrieben wurde. Es gibt viele Bücher über Katzen, das ist etwas ganz Normales. Als Katze aber würden Sie sich wundern, was man über Sie schreibt. Lesen Sie also Fachliteratur mit einem lachenden und einem weinenden Auge und glauben Sie nicht alles, was in den Büchern steht.

Die Information über seine eigene Krankheit nennt man Psychoedukation. Bei einer Grippe ist es mit der Einnahme eines Antibiotikums getan. Die Behandlung körperlicher Krankheiten kann man getrost dem Arzt überlassen. Da psychische Krankheiten aber sehr eng mit Ihrem persönlichen Erleben und Fühlen zusammenhängen, sind diese seelischen Erkrankungen etwas sehr Individuelles und Intimes. Bei der Wahl einer politischen Partei würden Sie sich ja auch nicht auf das

Urteil Ihres Arztes verlassen, sondern eigene Informationen einholen. Es ist Ihr Leben. Versuchen Sie also, Ihrem Psychiater als gleichwertiger Gesprächspartner gegenüberzutreten.

Sie sind der Experte für Ihre Krankheit, nicht Ihr Arzt. Im Laufe der Zeit werden Sie zum Experten in eigener Sache heranreifen. Selbstkompetenz ist wichtig. Trauen Sie sich, Fragen zu stellen. Treffen Sie Ihre eigenen Lebensentscheidungen trotz oder gerade wegen Ihrer Krankheit.

Ihr Arzt ist gut ausgebildet, aber er führt nicht Ihr Leben. Er kann Ihnen also nur bedingt weiter helfen. Denken Sie selbst, lassen Sie nicht den Psychiater oder Ihre Angehörigen für sich denken oder Lösungen finden. In einem Lokal lassen Sie sich ja auch nicht vom Kellner vorschreiben, welches Essen Sie bestellen. Geben Sie Ihr Leben nicht aus der Hand. Behalten Sie auch in der Krankheit Ihre Autonomie. Werden Sie zum Experten in eigener Sache. Das nimmt Ihnen die Ohnmacht, es hält Sie handlungsfähig und es hilft Ihnen, sich in diesem großen Gesundheitsapparat zurecht zu finden.

Geschichte der Psychiatrie

Viele seelische Krankheiten galten lange Zeit als unheilbar. Lange Zeit wurden psychisch Kranke daher in großen Zentralkrankenhäusern, teilweise über Jahre, aufgenommen und behandelt, oder eher „verwahrt". Es gab halt keine Alternativen.

Im Jahr 1952 kam ein Medikament auf den Markt, das Chlorpromazin, mit dem die ersten Heilerfolge erzielt wurden. Als Folge entstanden immer neue Medikamente, die besser wirkten und weniger Nebenwirkungen hatten, so dass der gegenwärtige Trend ist, psychische Krankheiten medikamentös zu behandeln. Als Folge werden Sie in den Krankenhäusern häufig wenige Gespräche führen und viel Zeit in Beschäftigungstherapien oder allein verbringen. Haben Sie also neben Ihrer Krankheit auch Lebensprobleme, werden Sie in den Kliniken dafür nicht immer den geeigneten Ansprechpartner finden. Psychopharmakalogie ist Wissenschaft und Medizin, nicht Philosophie und Lebenshilfe. Diese Dinge werden getrennt betrachtet.

Viele Patienten vermissen die fehlenden Gesprächsmöglichkeiten und fühlen sich oft allein gelassen. Hier sollten Sie sich außerhalb der Klinik Hilfe suchen, etwa bei einem Psychotherapeuten, der keine Medikamente verschreiben darf und Probleme über Beratung und Gespräche zu lösen versucht. Empfohlen wird oft die Kombination von medikamentöser Behandlung und zusätzlicher Therapie. Ein weiterer wichtiger Schritt ist die Selbstinformation. In den 70er Jahren wurden zudem die Zentralpsychiatrien weitgehend aufgelöst und wohnortnahe Lösungen eingerichtet.

Dass Sie heute in einem Krankenhaus in Ihrer Nähe behandelt werden, hängt also mit der Psychiatrieenquette der 70 er Jahre zusammen, die den Ausbau der Gemeindepsychiatrie förderte. Das Gesundheitssystem ist also in Bewegung. Zusätzlich entstanden weiter Hilfsangebote, wie sozialpsychiatrische Zentren oder Selbsthilfevereine. Das Hilfsangebot, auch außerhalb der Kliniken, ist also groß. Nutzen Sie Ihre Chance.

Medikamente

Psychische Krankheiten sind Forschungsgebiet. Immer noch gilt Schizophrenie als unheilbar, aber trotzdem als medikamentös gut behandelbar. Derzeit schreibt man psychische Krankheiten zugleich genetischen Ursachen zu wie auch psychosozialen Gründen. Hauptforschungsgebiet ist derzeit das Gehirn, das erst durch moderne Forschungsmethoden (Computertomographie) erforschbar wurde.

Das Stoffwechselmodell versucht, Erkrankungen auf die Fehlfunktion von Gehirnzellen zurückzuführen. Das Gehirn besteht aus Milliarden einzelner Gehirnzellen, die wiederum tausendfach verknüpft sind und so miteinander kommunizieren. Zwischen den einzelnen Zellen gibt es einen winzigen Abstand, den synaptischen Spalt. Hier tauschen die Gehirnzellen mittels von Botenstoffen Informationen aus. Bei diesen Botenstoffen, so die Theorie, herrscht bei Erkrankten ein Ungleichgewicht. Medikamente greifen in diesem Stoffwechselhaushalt ein, indem Sie die Andockstellen der Zellen blockieren und so das Ungleichgewicht beheben. Je nach Krankheitsart gibt es unterschiedliche Medikamentengruppen, die entsprechend der jeweiligen Symptomatik entgegen wirken.

Bei Psychosen werden Neuroleptika verschrieben, bei manisch-depressiven Personen Litiumsalze zu Phasenstabilisierung, bei niedergeschlagenen Patienten verschreibt man Antidepressiva. Auch beruhigende oder angstlösende Medikamente (Benzodiazepine) sind möglich. Die Palette der Wirkstoffe ist groß. Die Medikamente sind keine Patentlösung, aber Sie reduzieren bei regelmäßiger Einnahme das Rückfallrisiko, so die Statistik.

Dennoch gibt es Gründe, Medikamenten gegenüber auch etwas kritisch zu denken. Zum einen sind auch moderne Psychopharmaka mit Nebenwirkungen verbunden, wie etwa Müdigkeit oder Gewichtszunahme. Des weiteren kann es zu Spätfolgen kommen, die sich erst nach Jahren einstellen, wie Organschäden oder Nervenleiden. Weiterhin können Medikamente Ihre Lebensprobleme nicht lösen.

Auch ist es unangenehm, dass Ihre persönlichen Gefühle und Gedanken von anderen zu einem Stoffwechselproblem erklärt werden. Es gibt also auch viele Kriterien, die ständige Einnahme von Medikamenten zu überdenken.

Sie sind nicht verpflichtet, Medikamente einzunehmen, sondern können Ihre Entscheidungen hierzu auch überdenken. Wichtig ist, welche Lebensqualität Sie mit oder ohne Medikamente erreichen. Ständige Einnahme, Wechsel des Präparats, Absetzen der Neuroleptika. Behalten Sie sich die Entscheidungsfreiheit vor.

Compliance

Die Kooperationsbereitschaft mit einem Psychiater nennt man Compliance. Niemand lässt sich gern Vorschriften machen, deswegen sehen manche Erkrankte keine Grund, auf einen Psychiater zu hören. Aber auch blind auf seinen Psychiater zu vertrauen, weil man in ihm den Fachmann sieht, kann keine Lösung sein. Sie begeben sich in eine Abhängigkeit, und bei schlechten oder falschen Tipps sind Sie letztendlich der Leidtragende. Auch das Wissen eines Psychiaters ist begrenzt und auch er kann nicht hellsehen.

Es macht einen großen Unterschied, ob Sie von Ihrem Arzt eine neue Pille verschrieben bekommen und diese einfach nehmen oder ob Sie sich schon informiert haben, welches Medikament Sie für sich als sinnvoll erachten und eigene Vorschläge unterbreiten können. Je besser Sie informiert sind, desto gleichwertiger können Sie einem Psychiater gegenübertreten. Das Fachwissen des Psychiaters ist weit gestreut, weil er viele unterschiedliche Patienten betreut, aber für Ihr spezielles Krankheitsbild können Sie sich mit etwas Bereitschaft das notwendige Wissen aneignen, um selbst kompetent mitreden zu können. Ein wichtiger Schritt, seine Unabhängigkeit zu bewahren.

Vergleichen Sie Ihre Krankheit mit einem unbekannten Land, in das Sie unvorbereitet aufgebrochen sind. Gut informiert finden Sie sich besser zurecht. Haben Sie keine Angst vor Fachbegriffen. Hinter wichtigen lateinischen Worten finden sich oft sehr einfach verständliche Zusammenhänge. Sie müssen auch nicht alles auswendig lernen wie in der Schule. Ein mündiges Grundverständnis reicht. Es geht darum, mitreden zu können. So behalten Sie die Kontrolle über Ihr Leben.

Compliance bedeutet allerdings nicht, auf jedes Wort des Psychiaters zu hören wie auf das Wort eines Vorgesetzten. Bleiben Sie sich selbst treu. Es ist Ihr Leben, deswegen bleibt auch alles Ihre Entscheidung. In weiten Teilen sollten Sie Ihre Entscheidungsfreiheit über die Meinung des Arztes stellen, auch was Medikamentenfragen oder Lebensentscheidungen angeht.

Das Trügerische an psychischen Krankheiten ist allerdings oft, dass man selber nicht merkt, wenn wieder eine Krise ausbricht.

Compliance wird dann wichtig, wenn der Arzt entscheiden möchte, Sie einzuweisen und Sie selbst beispielsweise noch gar keinen Grund dafür sehen. In solchen Situationen kann das Vertrauen in die Empfehlung eines Arztes nützlich sein. Wichtig ist daher, dass eine gute Vertrauensbasis besteht. Verwechseln Sie Vertrauen aber nicht mit Unterwürfigkeit oder Hörigkeit. Soweit Sie können, sollten Sie Ihre Entscheidungen weiterhin selbst treffen, allerdings unterstützt durch die Empfehlungen Ihres Psychiaters.

Zwangseinweisungen sind nur dann möglich, wenn Sie fremd- oder selbstgefährdend sind. Da es sich dabei allerdings juristisch um Freiheitsberaubung handelt, ist hierzu ein richterlicher Beschluss erforderlich. Dass Ihr Arzt auf eine Einweisung drängt, ist also noch kein Zwang oder eine Vorschrift. Oft ist es sinnvoll, auf den Arzt zu hören, aber selbstverständlich können Sie auch entscheiden, Ihre Krise lieber zuhause in vertrauter Umgebung zu überstehen. Nicht immer verbessert ein Klinikaufenthalt Ihre Situation. Die Entscheidung treffen nur Sie.

Krankheit

Was krank ist und was gesund, lässt sich nicht immer klar unterscheiden. Werfen Sie einen Teller gegen die Wand, weil Sie wütend sind, ist das einfach Wut, werfen Sie den gleichen Teller gegen die Wand, weil Sie ihn für den Teufel halten, ist das krank. Es ist der gleiche Teller, aber unser Denken macht den Unterschied zwischen gesund und krank. Allerdings muss „krank" nicht immer „schlecht" bedeuten.

Eine Manie ist beispielsweise eine übertriebene Hochstimmung. Künstler in einer manischen Phase sind überaus kreativ und leistungsfähig. Andere Maniker wiederum verspielen ihr ganzes Geld und bleiben nach einer manischen Phase mit einem Trümmerhaufen zurück. In einen Fall bedeutet Krankheit großen künstlerischen Nutzen, im anderen Fall überaus großen Schaden. Krankheit also grundsätzlich zu verurteilen, kann nicht richtig sein. Was andere schon vorschnell als krank bezeichnen möchten, dürfen wir noch mit unserem Recht schützen, einfach etwas anders zu sein als andere – schließlich sind alle Menschen unterschiedlich. Wer hat schon das Recht, über andere zu urteilen?

Solange es keinen stört, sollte man sich das Recht zugestehen, einfach etwas anders zu sein als andere und sich nicht vorschnell schämen, wenn man die eine oder andere flippige Idee hat. Krank wird unser „Anders Sein" oft erst dadurch, dass wir uns dafür schämen. Leichtfertig steckt man sich selbst in eine Schublade und versiegelt diese mit

Schuldgefühlen. Hält sich jemanden für den Kaiser von China, mag das objektiv falsch sein. Doch solange der Betreffende damit glücklich ist und niemand anderem schadet, sollte man ihm das Recht auf diese Phantasien zugestehen. Unter Psychiatrieerfahrenen herrscht daher oft größere Toleranz als beim Rest der Bevölkerung, die unter großem Konformitätsdruck stehen. Ist nur gesund, was auch normal ist? Das Andersartige wird oft grundlos angegriffen.

Oft ist es die Erwartung unserer Umwelt, die uns das Anderssein mit aller Gewalt schlecht machen will. Jeder sollte das Anrecht auf ein persönliche Prise Individualität haben. Wirken wir auf andere spleenig, ist das ein Problem des Betrachters, nicht des Kranken. Wir führen unser eigenes Leben, nicht das der anderen. Somit haben wir auch das Recht, anders zu sein. Lassen wir uns also nicht leichtfertig die Realität der anderen überstülpen.

Lange Zeit galt Homosexualität als Krankheit und war sogar gesetzlich verboten. Mittlerweile gibt es die gleichgeschlechtliche Ehe und freie Liebe wird toleriert. Wir sollten uns also das Recht vorbehalten, anders zu sein, ohne gleich als krank dazustehen. Das Wort Schizophrenie allein darf nicht dazu benutzt werden, uns zu einem schlechten Menschen zu erklären. Es gibt also einen großen Unterschied zwischen „anders" und „krank." Krankheit ist meist einfach nur ein anderes Wort für Individualität. Dafür sollte man sich nicht schämen.

Psychotische Krisen

Bei einem psychotischen Schub driftet der Kranke in eine Wahn-welt ab. Das geschieht nicht willentlich, lässt sich aber auch nicht willentlich unterbinden. Anders als bei einem Gesinnungswandel, etwa wenn man statt der SPD plötzlich die CDU wählen möchte, ist es nicht die freie Entscheidung des Betroffenen, sich aufgrund klarer Erwägungen stattfindet, sondern der Wahn ereilt ihn plötzlich. Es handelt sich dabei um unbewusste Prozesse, die nicht mehr dem freien Willen des Klienten entspringen.

Es gibt also einen großen Unterschied zwischen einer aberwitzigen Idee, die aus der eigenen Dummheit entspringt, und einem entstehenden Wahn. Ein religiöser Fanatiker ist zwar extrem in seinen Ansichten, aber noch frei in seinen Entscheidungen. Ein religiöser Wahn hingegen drängt sich dem Betroffenen auf, ohne dass er es will. Obwohl es einen großen Unterschied gibt, ist er von außen nicht zu unterscheiden. Begleitet wird ein Wahn beispielsweise auch von entsprechenden Fehldeutungen der Umwelt.

Wahrnehmung

Unsere Wahrnehmungen sind ein interessantes Gebiet. Wir glauben, die Welt sei so, wie sie ist, doch in Wirklichkeit ist sie so, wie wir sie wahrnehmen. Eine Frau, die die Zärtlichkeiten ihres Mannes genießt, erfährt einen Tag später, dass er sie betrügt. Als er sie danach mit genau der gleichen Zärtlichkeit küsst, findet sie seine Berührungen widerlich. Alles ist genau und nur so, wie wir es bewerten. Meistens können wir uns dabei auf unsere Wahrnehmung verlassen. Sehen wir einem Komiker zu, finden wir seine Späße lustig, hören wir einem Redner auf einer Beerdigung zu, werden wir traurig. Das eine hört sich wie ein Witz an, das andere wie Trauer. Doch was, wenn ein Komiker seinen Freund beerdigt? Soll man dann lachen oder weinen?

Unsere Wahrnehmung ist zugleich eine grobe Einschätzung unserer Umwelt. Doch manchmal kommt es bei dieser Einschätzung, die unser Unterbewusstsein automatisch vornimmt, auch schon mal zu Fehlern. Wer die Bemerkungen eines Trauerredners lustig findet und lacht, fällt unangenehm auf, wenn er seine Worte für Scherze hält. Das Unterbewusstsein „verschätzt" sich in diesem Augenblick und gibt die Interpretation „Das war ein Witz und lustig" an unser Bewusstsein weiter. Wir unterliegen einer Fehleinschätzung.

Häufen sich die Trugwahrnehmungen, bekommen wir Schwierigkeiten mit der Realität. Nehmen wir an, ein Krimifan ist unter den Trauernden. Der Redner sagt ein seltsames Wort, das der Zuhörer in einem seiner Krimis gelesen hat. Nun kann es sein, dass das Unterbewusstsein den Sprecher daraufhin als Agenten „erkennt." Seine Worte klingen also nicht mehr wie eine Trauerrede, sondern wie die Worte eines Komplizen und Geheimagenten. Das Unterbewusstsein des Zuhörers deutet seine Worte als versteckte Geheimbotschaften, und aus normalen Worten der Trauer werden verdeckte Anweisungen und geheimnisvolle Andeutungen. Als der Krimifan daheim den Fernseher einschaltet, enthalten auch die Worte des Nachrichtensprechers verdeckte Andeutung eines Agenten. Der Mensch ist bei vollem Bewusstsein und auch klar bei Verstand, doch die Worte werden ihm vom Unterbewusstsein als Geheimbotschaften vorgespielt. Das Unterbewusstsein gaukelt dem Verstand eine Verschwörung vor.

Es ist, als säßen wir in einem Haus und schauen nach draußen. Ob draußen Spaziergänger, Mönche oder Geheimagenten vorbeigehen, können wir nur vermuten. Meistens liegen wir aufgrund unserer Lebenserfahrung richtig, doch wir können uns auch irren.

Es handelt sich um einen Interpretationsfehler unseres Unterbewusstseins, wenn wir etwas falsch einschätzen. Der Krimifan aber wähnt sich aufgrund seiner falschen Deutungen im Zentrum einer Verschwörung. Er wird Stein und Bein schwören, dass der Nachrichtensprecher gerade den dritten Weltkrieg angedeutet hat. Erkennt er den Irrtum nicht, wird er im Laufe der Zeit immer mehr verdeckte Botschaften erkennen, die schließlich zu einem komplexen Wahngebilde werden. Diese Fehldeutungen sind dann Wahnwahrnehmungen. Eine Fehlinterpretation der Umwelt. Der Krimifan ist klar bei Verstand, nur von seinen Fehlwahrnehmungen getäuscht und daher voller falscher Überzeugungen. Eine Paranoia ist also meist durch Fehlwahrnehmungen induziert. Ein Science Fiction Fan hat dabei andere Psychosen als ein Esoterik Anhänger. Wahninhalte sind daher sehr unterschiedlich.

Wenn eine Tasse auf dem Tisch steht, müssen wir diese auch als Tasse erkennen und nicht als Schwamm. Im Falle des Irrtums würden wir sonst mit der Tasse den Boden putzen. Eine Verkennung der Realität führt also auch zu Verhaltensfehlern. Vertut sich unser Unterbewusstsein, kommt es zwangsläufig zu Fehldeutungen unserer Umwelt. Grundlage für wahnhafte Überzeugungen sind also zunächst einmal wahnhafte Wahrnehmungen. Entsprechend schwer ist der Getäuschte vom Gegenteil zu überzeugen, schließlich weiß er ja, was er gesehen und gehört hat. Dass der Kranke an einer verzerrten Wahrnehmung leidet, ist von außen nicht zu erkennen. Lediglich seine haarsträubenden Theorien lassen einen Irrtum vermuten. Je nachdem, welche Botschaften er in seine Umwelt hinein interpretiert, kommen Ängste, Depressionen und andere krankheitsbedingte Ausnahmezustände hinzu. Da seine Gedankenwelt nichts mehr mit der Realität zu tun hat, kann man auch nicht mehr einschätzen, was der Erkrankte nun wirklich erlebt. Hätten wir alle ein Radio eingebaut, das „Realität" empfängt, hört der Kranke als einziger den Sender „Wahn." Niemand weiß, was dieser Sender im Programm spielt.

Für den Erkrankten ist sein Radioprogramm so real wie das unsere für uns. Aus diesem Grunde sind psychisch Kranke oft anfangs nicht krankheitseinsichtig. Selten wird er über seine Wahninhalte reden, denn wer spricht schon über Dinge, die er für normal hält.

Wahnwelten

Eine andere Form sind Psychosen, in denen unvermittelt Wahninhalte auftauchen. Handelt es sich nicht durch Wahnwahrnehmungen induzierte Wahninhalte, können auch unverarbeitete Traumata oder andere Ereignisse zum Aufbau eines Wahnerlebens führen. Irgend etwas kommt aus dem Unterbewusstsein hoch und entlädt sich über einen Wahn. Ähnlich wie bei einem Traum, den man auch nicht kontrollieren und vorbestimmen kann, ist das Erleben des Wahns für den Erkrankten real.

Ein wenig ist es, als Träume der Kranke, obwohl er wach ist. Im Schlaf schützt uns eine Bewegungssperre, die im Wachzustand nicht besteht. Dabei muss ein Wahn nicht immer mit seltsamen Verhalten einher gehen. Einen Traum erleben Sie ja auch, obwohl Sie dabei still im Bett liegen. Gerade Geistesabwesenheit kann Zeichen für ein Abdriften sein. Wild herum springende und wirren Unsinn redende Irre sind mehr im Kino zu sehen als im Krankenhaus.

Da die Wahninhalte sehr unterschiedlich sein können, ist auch schwer eine einheitliche Lösung anzubieten. Wie der Erkrankte aus seinem Wahn aussteigen kann, kann er nur selbst entscheiden. Die Krise zu meistern obliegt einzig dem, der sie erlebt. Deswegen ist die Krisenkompetenz so wichtig, die man sich allerdings selbst erarbeiten muss.

Missbrauchte Menschen erleben, ausgelöst durch Trigger, oft die Krisen wieder, die sie durchleben mussten. Man nennt das Flashback. Psychosen haben einen ähnlichen Charakter, nur dass hierbei nicht unbedingt ein Trauma vorliegen muss.

Krisenverhalten

Sollten Sie in eine Psychose abrutschen, sollten Sie versuchen, für Ihre Umwelt ansprechbar zu bleiben. Sie haben dann eine „doppelte Buchführung": Ihr Wahnerleben und „die Welt da draußen." Solange es geht, sollten Sie versuchen, mit Ihrer Umwelt in vernünftigem Kontakt zu bleiben. In der Außenwelt müssen Sie beispielsweise ins Krankenhaus gebracht werden, obwohl Sie grade ein Wahnerleben haben. Dazu müssen Ihre Füße laufen und Ihre Augen sehen, dass Sie nirgendwo gegen laufen. Auch die Auskunft „Ich habe gerade einen Flashback" kann für einen Arzt nützlich sein, damit er feststellen kann, dass kein organisches Leiden bei Ihnen vorliegt.

Leider kann man Krisenerfahrung nur sammeln, wenn man in der Krise ist. Das Wissen zur Krisenbewältigung entsteht also erst durch Bewältigung der Krise. Schwimmen lernen kann man erst, wenn man im Wasser ist. Kenntnisse Ihres individuellen Krankheitsbildes sind dabei hilfreich.

Wichtig ist, dass Ihnen niemand Ihr Wahnerleben ansieht. Sie müssen sich also nicht noch zusätzlich schämen, wenn Sie komische Gedanken haben. Erst wenn Sie reden, kommunizieren Sie Ihr Erleben nach außen. Mit Ihrer Kommunikation können Sie also den Umgang mit Ihrer Umwelt steuern. Das ist zugleich Problem und Schutz: Auf der einen Seite fallen Sie nicht negativ auch, selbst wenn Sie eine Psychose haben und vermeiden so unnötigen Ärger und Stress, auf der anderen Seite kann man ihnen erst Unterstützung bieten, wenn Sie sich äußern. Auch ein koordinierter Rückzug ist möglich, wenn Sie sich mit einer höflichen Entschuldigung zurückziehen wollen.

Ähnlich wie den Inhalt eines Traumes, den man nicht selber bestimmen kann, kann man auch den Inhalt des Wahns nicht kontrollieren. Da die Psychoseinhalte sehr individuell sind, gibt es keine allgemeingültige Lösung. Der Austausch mit anderen Betroffenen ist sinnvoll, da man Krisenwissen austauschen kann und Bekanntschaften mit Leidensgenossen schließen kann.

Der Austausch von lebendigen Erfahrungen geht weit über die Vermittlung von theoretischem Fachwissen hinaus. Überlassen Sie die Lösung Ihrer Probleme nicht allein Ärzten und Medikamenten, machen Sie sich Ihre eigenen Gedanken und sammeln Sie Ihre eigenen Erfahrungen.

Mehr als merkwürdiges Verhalten ist für Ihre Mitmenschen nicht erkennbar, auch nicht für Ihren Arzt. Denken Sie an die doppelte Buchführung, die Sie haben. Sie müssen Ihre Probleme kommunizieren, damit Sie für andere erkennbar werden. Während man körperliche Krankheiten relativ gelassen der Behandlung des Arztes überlassen kann, verlangen psychische Erkrankungen ein hohes Maß an Eigenverantwortung.

Eine Diagnose verspricht nicht sofortige Heilung wie beim Allgemeinmediziner, da die Diagnose noch nicht Ihre individuellen Probleme berücksichtigt. Körperlich ähneln wir Menschen uns sehr, schließlich haben wir alle fünf Zehen an den Füßen. Das ermöglicht eine einheitliche Behandlung. Seelisch sind wir aber alle sehr unterschiedlich, weil wir alle sehr unterschiedliche Lebensgeschichten haben.

Stellen Sie sich vor, man wolle zugleich Ihre Hobbys, Ihre sexuellen Vorlieben und den Vornamen Ihrer Schwiegermutter mittels einer einzigen Diagnose darstellen. Das ist unmöglich. Unsere individuellen Probleme sieht man uns nicht an, und das auch trotz gestellter Diagnose nicht. Der ehemalige Chefarzt der Rheinischen Kliniken Essen, Doktor Gastpar, erklärte dazu: *„Die Kranken müssen selber wissen, was mit* *ihnen los ist, erst dann können wir ihnen helfen.*" Um Hilfe zu erhalten, müssen Sie also wissen, welche Hilfe Sie einfordern wollen.

Arten von Psychosen

Der Mensch denkt und der Mensch fühlt. Wir können also sowohl falsche Gedanken haben als auch Probleme mit unseren Gefühlen. Man spricht von kognitiven Psychosen und von affektiven Psychosen. Treffen Denkfehler mit einer verwirrten Gefühlswelt zusammen, spricht man von schizo-affektiven Psychosen. Verfolgungsideen können zu Beispiel gleichzeitig auch Ängste auslösen.

Manchmal entstehen Psychosen losgelöst von anderen Lebensproblemen, aber Sie können auch Ausdruck von Lebenskrisen sein. Ein Unterschied in der Krankheitsursache ist von außen nicht zu erkennen. Stabilisierung versucht man in beiden Fällen mit Medikamenten zu erreichen, doch manchmal sind auch weiterführende Gespräche sinnvoll. Die medikamentöse Versorgung erfolgt bei einem Psychiater, der auch überwiegend im Bereich psychischer Erkrankungen ausgebildet ist. Für Probleme, die mehr das alltägliche Leben betreffen als ein reines Wahnerleben, sind Gespräche notwendig.

Speziell dafür ausgebildet sind Psychotherapeuten, die eine Gesprächstherapie anbieten. Gegen Ängste können beispielsweise Medikamente helfen, aber auch Gespräche, die Ihnen Methoden zur Angstbewältigung vermitteln. Sinnvoll ist also oft eine Kombination von beidem. Bei einer normalen Verhaltenstherapie bei einem Therapeuten stehen Ihnen zwanzig Gesprächsstunden zur Verfügung, um Ihre Anliegen zu klären, Verlängerung möglich.

Lassen Sie sich von langen Wartezeiten von einem halben Jahr und länger nicht abschrecken. Die Zahl kassenzugelassener Therapeuten ist begrenzt und daher Wartezeiten unvermeidbar. Der Therapeut nimmt sich die Zeit für Gespräche, die in den Kliniken fehlen. Zudem nutzt er Fachwissen aus einem anderen Wissenschaftsbereich, der Psychologie. Sie nutzen also gleich die Ressourcen zweier Wissenschaften, wenn Sie psychologische und psychiatrische Behandlung kombinieren. So bleibt genügend Zeit, die Dinge zu besprechen, für die in den Kliniken keine Kapazitäten bleiben.

Gespräche mit einem ausgebildeten Therapeuten können oft neue Erkenntnisse bringen und zu neuen Lösungen führen. Oft kann man im Gespräch zu Lösungen finden, die einem selbst nicht in den Sinn kamen. Das ist ja grade Zweck einer Therapie. Trotz der Wartezeiten und der zeitlichen Länge einer Therapie sollte man diese als Option betrachten, da es nicht allein um aktuelle Probleme geht, sondern auch um eine Investition in eine bessere Zukunft.

Klinikaufenthalte

Ein Klinikaufenthalt darf nicht angeordnet werden, es sei denn, es liegt Eigen- oder Fremdgefährdung vor. Es gilt der Grundsatz „Freiheit vor Gesundheit." Ein jeder Mensch hat ein Recht auf seine eigenen Gedanken, und er darf somit auch mit seinem Wahn leben, wenn er das will. Kein Gesetz verbietet verrückte Ideen. Psychiatrie dient also nicht der Gedankenkontrolle oder der Erziehung von Menschen.

Es geht dabei um den Schutz von im Grundgesetz verankerte Persönlichkeitsrechten, die nicht berührt werden dürfen. Aber die Zeit läuft dem Erkrankten davon: Kann er sich nicht mehr um seine alltäglichen Angelegenheiten kümmern, verkommt der Haushalt, die Miete wird nicht gezahlt und er vernachlässigt Job und Familie oder es kommt zu Spannungen mit Freunden und Bekannten. Langfristig kann dies also seine Existenz gefährden. Professionelle Hilfe ist also manchmal sinnvoll und richtig.

Aber man darf nicht erwarten, dass der Betroffene „geheilt" wieder nach Hause kommt. Etwa ein Drittel der Erkrankten bleibt nach einer Psychose ohne Restsymptome, ein weiteres Drittel hat diverse Schübe und nur selten kommt es zu einer Chronifizierung.

Die autoritären Strukturen in den Kliniken, die mögliche Unterbringung auf einer geschlossenen Abteilung, der eigentliche Wahn, es gibt viel, was der psychisch Kranke außerhalb der Alltäglichkeit zu verarbeiten hat. Eine psychische Erkrankung kann also eine Belastung für die komplette Familie sein und zu einem Umbruch führen. Gegenseitig Unterstützung und Toleranz sind also wichtig für den Umgang miteinander. Man sollte die Krankheit nicht totschweigen, sondern offen und fair darüber kommunizieren.

Zurückfinden in die Realität

Während einer Psychose treten vermehrt Wahngedanken auf. Ihr Unterbewusstsein produziert unentwegt Gedanken und Ideen. Laufend denken Sie über Dinge nach, erinnern sich an etwas oder planen etwas im voraus. Diese Gedankenprozesse sind also nichts Ungewöhnliches. Ihr Gedächtnis greift dabei auf verschiedene Schubladen zurück. Einmal in die Schublade Wissen, wenn Sie eine Information aufrufen, die Schublade Erlebnisse, wenn Sie an den gestrigen Tag denken, die Schublade Küche, wenn Sie den Einkauf planen. Diese Prozesse sind also durchaus normal, und das bei jedem Menschen. Entsteht ein Wahn, greift Ihr Unterbewusstsein auf eine Schublade zurück, die kranke Inhalte hat. Vielleicht haben Sie als Kind an Außerirdische geglaubt und diese Schublade öffnet sich nun. Gesunde und kranke Gedanken vermischen sich.

Sie können zugleich den Einkauf für den Nachmittag planen und in Gedanken dafür den Kühlschrank durchgehen und gleichzeitig aus dem

Fenster schauen und dort Ufos erkennen, die eine Invasion vorbereiten. Sie sind also nicht komplett krank, sondern haben in Ihrem Erleben gesunde und kranke Anteile. Da sich beide Anteile gleich real anfühlen, fällt Ihnen zunächst kein Unterschied auf.

Sie sind bei klarem Verstand, nur Ihr Gedächtnis liefert Ihnen hin und wieder Unsinn. Mit etwas Übung können Sie bei jedem einzelnen Gedanken einen kleinen Realitätscheck durchführen. Ist der Kühlschrank echt? Gibt es Joghurt oder nicht? Gibt es Ufos oder nicht? Es handelt sich also um die bewusste Prüfung Ihrer eigenen Gedanken und Wahrnehmungen. Mit dieser Technik können Sie aufkommende Wahnüberzeugungen gering halten und einen Realitätsbezug erhalten, ohne komplett in ein Wahnsystem abzugleiten. Trennen Sie Ihre Gedankenwelt also bewusst in reale und irreale Gedanken.

Ein bisschen verhalten Sie sich also wie ein Lehrer, der einen Aufsatz korrigiert und die fehlerhaften Textstellen sorgfältig streicht. Die Guten ins Töpchen, die Schlechten ins Kröpfchen. Es handelt sich dabei um eine reine Fleißarbeit. Stellen Sie sich Ihre Wahrnehmung wie einen Freund vor, der es mit der Wahrheit nicht immer ganz genau nimmt, auf dessen Auskunft Sie aber angewiesen sind. Bei ihm überlegen Sie auch, was Sie ihm glauben und was nicht. Im Fernsehen läuft die Serie X-Faktor, die spannende mystische Geschichten erzählt. Einige von diesen Geschichten sind wirklich passiert, andere sind frei erfunden, und am Ende der Sendung kann der Zuschauer raten, welche

Geschichten echt und welche ausgedacht waren. Ähnlich verfahren Sie mit Ihren eigenen Gedanken.

Führen Sie einen Plausibilitätscheck durch. Servieren Sie fehlerhafte Gedanken konsequent ab. Auf diese Weise können Sie aktiv die Ausbildung eines komplexen Wahnsystems meist umgehen.

Funktionsweise von Gedankenprozessen

Wir glauben, die Welt sei so, wie wir sie sehen. Dass ein Stein ein Stein ist, ist nur logisch und steht unzweifelhaft fest. Aber wenn man es genau betrachte, sehen wir kein Abbild der Welt, das eins zu eins mit der Wirklichkeit übereinstimmt. In vielen Dingen kommen neben den objektiven Wahrnehmungen auch subjektive Anteile hinzu. Wenn drei Menschen einen Stein betrachten, wird natürlich jeder den gleichen Stein sehen. Doch wenn sich drei Menschen einen Kinofilm anschauen, werden sie auf ganz unterschiedliche Dinge achten. Die eine Dame wird eine romantische Liebesgeschichte in Erinnerung behalten, der zweite Zuschauer wird sich eher an die witzigen Dialoge erinnern und weil der dritte Zuschauer ein Technikfan ist, wird er die hochmodernen, schnellen Autos bewundern. Alle haben den gleichen Film gesehen, doch ganz unterschiedliche Dinge erlebt. Man kann nicht sagen, die eine Meinung sei richtig und die andere sei falsch, eher ist alles auf seine Weise in Ordnung. Wahrnehmung ist also immer eine individuelle, beinahe schon intime, zumindest aber sehr persönliche Angelegenheit. Die Welt kann man also schwer in Richtig und Falsch unterteilen, vielmehr ist alles sehr individuell, also nicht schwarz-weiss, sondern bunt, wobei man keine Farbe der anderen vorziehen sollte.

Neben dem eigentlichen Sinnesreiz, dem „Sehen" des Steines, kommt also immer noch eine „individuelle Bewertung" hinzu. Man spricht auch von „Attribution." Wie wir auf die unterschiedlichen Sinnesreize reagieren, ist also eine Frage der individuellen Erfahrungen. Die Fähigkeit, in unserer Umwelt unterschiedliche Gegenstände zu erkennen, liegt in unserer Lernerfahrung begründet. Wir erkennen eine Gabel nur als nützlichen Gegenstand, weil wir gelernt haben, diesen Gegenstand zum Essen zu benutzen. Eine Katze misst der Gabel keinen Sinn bei. Schauen Sie nur in den Handwerkskasten eines Kfz-Mechanikers. Vielen Gegenständen werden Sie keinen Sinn zuordnen können, während der Handwerker jeden einzelnen Gegenstand täglich benutzt. Unser Weltbild besteht also aus den Dingen, die wir kennen und erkennen. Doch mit dem eigentlichen Erkennen ist es nicht getan: Die einzelnen Dinge, die wir kennen, sind wiederum in gewissen Sinnzusammenhängen miteinander verknüpft. Die Gabel erinnert Sie ans Essen, das Essen wiederum an den Kühlschrank und so weiter. Unser komplettes Weltbild besteht also aus einzelnen, meist sehr komplex miteinander verknüpften Elementen. Man spricht in der Psychologie auch von der „Inneren Landkarte."

Die Macht des Unbewussten

Damit wir im Alltag damit zurechtkommen können und nicht über alles nachdenken müssen, sind unsere Denkprozesse längst automatisiert und werden von unserem Unterbewusstsein gesteuert. Als Sie das Fahrradfahren lernten, fiel es ihnen zunächst schwer, Füßen und Fahrrad zu koordinieren, das Gleichgewicht zu halten und geradeaus zu rollen. Mit zunehmender Übung fielen die einzelnen Schritte immer leichter, bis Sie sich heute beim Fahrradfahren keinerlei Gedanken mehr machen müssen und auf den Straßenverkehr achten können. Die meisten Vorgänge der Psyche sind also, zur Entlastung des Bewusstseins, automatisiert und werden von sehr unterschiedlichen Gehirnregionen oder dem zentralen Nervensystem gesteuert. Ihr eigentliches Bewusstsein, Ihre Aufmerksamkeit, ist frei für andere Dinge. Noch bevor Sie das Radfahren lernten, übten Sie den Umgang mit Messer und Gabel und das aufrechte Gehen, in der Schule das Schreiben und dem Umgang mit Ihrer Stimme. Neunundneunzig Prozent unserer Handlungen sind also automatisiert, und nur einen ganz geringen Teil unseres Handelns nehmen wir bewusst wahr. Damit das so reibungslos funktioniert, muss unser Unterbewusstsein perfekt organisiert sein. Manche dieser Reflexe sind erlernt, wie zum Beispiel das Fangen eines Balles, andere sind angeboren, wie der Lidschattenreflex, wenn Ihnen etwas ins Auge fliegt. Auch unser Herzschlag ist automatisch, genau wie die Verdauung. Unser Körper ist also ein System aus Reflexen und Impulsen und unser Bewusstsein macht nur einen ganz geringen Teil aus. Ein Baby würde verhungern, wenn es keinen angeborenen Saugreflex hätte. Der Menschen ist also ein komplexes System bewusster und unbewusster Handlungen. Der Mensch ist ein Gesamtkunstwerk.

Diese unbewussten Prozesse werden erst wahrgenommen, wenn sie nicht mehr funktionieren. Sie laufen einen Kilometer und machen tausend Schritte, ohne darüber nachzudenken. Erst wenn sie stolpern, wird der Rhythmus unterbrochen. Dann „schwappt" der Vorgang in ihr Bewusstsein und Sie nehmen Ihre Füßen wieder bewusst wahr. Psychosen sind also zuweilen auch das Aufleben unbewusster Konflikte, Traumata oder Erinnerungen.

Arten von Gedankenstörungen

Unser Unterbewusstsein ist also weitgehend vernetzt. Denken Sie an eine Tasse, werden dadurch weitere Gedanken ausgelöst, wie zum Beispiel an leckeren Kaffee oder das bevorstehende Mittagessen. Das Auslösen weiterer Gedanken durch einen Reiz nennt man „Priming." Um so fantastisch funktionieren zu können, muss unser Gehirn perfekt verknüpft sein. Meist sind diese Verknüpfungen logisch und führen zu keinem inneren Konflikt. Doch bei „Tasse" kann man auch an "fliegende Untertasse" denken, und hat damit zwei Optionen: Die eifersüchtige Ehefrau, die mit Tellern wirft, oder Aliens, die durchs Weltall sausen. Wenn ein Auslöser Gedanken hervorruft, die nichts mit einem realen Sinnzusammenhang zu tun haben, wenn beispielsweise der Blick auf eine Tasse bei Ihnen Ängste auslösen oder sie beim gemeinsamen Frühstück plötzlich über „radioaktive Gaswolken" reden, weil sie von „Tasse" über „Alien" auf „Universum" auf „Materie im All" gesprungen sind, wirkt das auf Ihre Umwelt befremdlich und bizarr. Manchmal kann es auch sein, das ihr Unterbewusstsein so schnell Gedanken produziert, dass Ihr Bewusstsein diese nicht mehr klar wahrnehmen kann, also rasende Gedanken. Auch können Gedanken stocken oder ganz ausbleiben. Man spricht einmal von formalen Denkfehlern (Gedanken zu schnell, langsam, ungeordnet) und von inhaltlichen Denkfehlern (Wahn).

Unbewusste Prozesse

Unsere Umwelt besteht aus Abertausenden von kleinen Elementen. Die meisten davon verändern sich nicht, sind also unerheblich für die Verrichtungen des Alltags. Es wäre unsinnig, jeden einzelnen Stein und jeden Grashalm bewusst wahrzunehmen. Unser Bewusstsein ist so geschaltet, dass wir nicht alle Details der Umwelt erkennen und verarbeiten müssen, sondern immer nur einen Ausschnitt. Werden manche Tiere bedroht, verharren sie in einer Schockstarre. Die jagende Echse nimmt nur Bewegungen wahr und so schützt sich die Beute davor, bemerkt zu werden. Wir nehmen also nur kleine Ausschnitte unserer Umwelt bewusst wahr. Man spricht von „selektiver Wahrnehmung." Dabei ist die Wahrnehmung nicht immer gleich, sondern verändert sich von Augenblick zu Augenblick. Beim Blick auf die Uhr „springt" Ihre Aufmerksamkeit für eine Zehntelsekunde auf das Zifferblatt, um sich dann sofort wieder anderen Dingen zuzuwenden. Wahrnehmung ist also ein aktiver, sehr individueller Prozess.

Wir nehmen nur die Dinge wahr, die wir auch kennen. Neben dem eigentlichen Sinnesreiz, also dem Anblick einer Tasse, interpretieren wir zugleich auch unsere Umwelt. Ein bellender Hund wird als gefährlich wahrgenommen und macht uns Angst, die Tasse gilt als ungefährlich und wir freuen uns auf den heißen Kaffee. Unsere Umwelt deuten wir also nach unseren ganz individuellen Erfahrungen. Die meisten Elemente aus der Umwelt sind uns schon seit Kindertagen vertraut, wir verwenden keine Aufmerksamkeit mehr auf sie. Damit unser Verstand nicht überlastet wird, steuern bereits im Vorfeld unbewusste Prozesse unsere Wahrnehmung. Die meisten unserer Denkelemente sind logisch aufgebaut. Wir nehmen Dinge selektiv wahr und messen jedem Gegenstand einen eigenen Wert und eine ganz individuelle Bedeutung zu. Unser Wissensspeicher ist wie ein virtueller Aktenschrank, aus dem das Unterbewusstsein unentwegt Informationen an das Bewusstsein liefert.

Umweltreize (→Selektion→Erkennen→) **Bewusstsein**

↑   ↑

(Unterbewusstsein)   (Wissensspeicher)

Da wir Menschen immer in einer ähnlichen Umwelt leben, gleichen sich unsere Erfahrungen und unser Wissen. Dabei ist das jeweilige Wissen von entsprechenden Kulturkreis abhängig. Ein Eskimo kennt allein zwanzig unterschiedliche Bezeichnungen für das Wort „Schnee", dafür wird er aber mit dem Wort „Personal-Computer" wenig anfangen können. Unser Wissenstand ist also nicht absolut, sondern kulturbedingt. Zum einen ist unser Wissen also durch unseren Kulturkreis geprägt, dann aber auch durch unsere individuellen Lebenserfahrungen. Es gibt also keine absolute Wahrheit, sondern nur die individuelle Wahrnehmung jedes einzelnen Organismus.

Der Begriff „Wahn" ist dabei sehr schwammig. Der Hausfrau brennen immer die Brötchen an, sie selbst hält sich aber für eine begnadete Köchin. Ist das nicht auch schon ein Realitätsverlust und damit eine Psychose? Der Bergriff Realität selbst ist schon ungenau, denn es gibt keine objektiven Kriterien, sondern nur individuelle Ansichten. Die Grenzen allgemein zwischen Wahn und Wirklichkeit sind unklar, deswegen tut man sich mit einer Definition auch sehr schwer. Unter einem Wahn versteht man allgemein „kulturell nicht angemessene Überzeugungen." Wenn Sie also zu einem Stamm von Urwaldindianern gehören und die Waldgötter anbeten, sind Sie normal, wenn Sie das gleich in Castrop-Rauxel im Stadtwald machen, haben Sie einen religiösen Wahn. Verrückt, nicht wahr? Man darf also nicht erwarten, dass jeder, der mal eine dumme Idee hat, sofort in die Psychiatrie gehört. Kein Gesetz verbietet verrückte Idee.

Psychotischer Schub

Bei einer schweren Psychose kommt es zu einer Fehlfunktion der Wahrnehmungsprozesse. Dabei kann es von einer leichten Wahrnehmungsstörung (Ich verhöre mich, weil jemand undeutlich spricht) bis zum totalen Realitätsverlust (Halluzinationen) gehen. Der Übergang ist dabei meist unklar, es gibt sowohl gesunde (reale) wie auch kranke (irreale) Anteile. Je nachdem, wie ausgeprägt die Symptome sind, können solche Störungen dazu führen, dass man nicht mehr am Alltag teilnehmen kann. Der Ausdruck „Wahn" erzeugt den Eindruck, es gäbe eine klare Trennung zwischen Richtig und Falsch, doch sind die Übergänge meist fließend und es gibt keine klare Abgrenzung. Die Wahrnehmung kann bizarr „verzerrt" sein, bei einem totalen Realitätsverlust (Halluzinationen) ist die Beziehung zur Umwelt sogar ganz unterbrochen, das Unterbewusstsein übernimmt die Kontrolle über den Verstand. Unser Körper ist zwar immer noch an Ort und Stelle, doch unser Bewusstsein schwebt in der „Anders-Welt". Wir sind für unsere reale Umwelt nicht mehr ansprechbar und nehmen diese auch nicht mehr wahr. Das Unterbewusstsein hat vollkommen die Kontrolle übernommen, der Betroffene hat ein von Zeit und Raum vollkommen getrenntes Wahnerleben.

(Umweltreize) ⊠ **↗↗↗↗** **Bewusstsein**
(Unterbewusstsein)

Das Abdriften in die psychotische Welt geschieht nicht willentlich, und kann auch ganz ohne äußere Auslöser erfolgen. Anders als bei einer Meditation, wo man sich gezielt aus der Umwelt zurückzieht und so entspannen kann, dass man Traumbilder erlebt, „kocht" das Unterbewusstsein in einer Psychose über und erzeugt ungewünscht Trugbilder. Das psychotische Erleben übernimmt dann ganz die Kontrolle und wir verlieren den Anschluss an die Umwelt. Schwer psychotischen Menschen fehlt die räumliche und zeitliche Orientierung.

Gefühle

Sie leiten uns, sie treiben uns, und letzten Endes sind sie oft verwirrend: Gefühle tragen die Geheimnisse des Unerklärlichen in sich. Und doch glauben Psychologen, das Rätsel der Gefühle entschlüsselt zu haben.

Doch was macht unsere Gefühle? Sind es die Umstände, die uns ins Wechselbad der Gefühle stürzen - mal der knurrige Chef, der uns erschaudern lässt, mal das lachende Kind, damit das Herz höher schlägt? Oder machen vielleicht unsere Hormone Gefühle, wenn Frauen während der Periode übel gelaunt sind, Männer sich schlagen, während das Testosteron in ihnen tobt? Psychologen haben eine Erklärung dafür. Sie ist so einfach, dass es auf den ersten Blick schon wieder unwahrscheinlich erscheint: Wie wir fühlen, hängt davon ab, wie wir denken. Gefühle entstehen also nicht durch äußere Geschehnisse – Gefühle entstehen im Inneren.

Gefühle – kommen sie durch Gedanken?

Unsere Gedanken steuern, wie wir empfinden - sind wir Herr unseres Denkens, oder dessen Sklave? Und wie kann es sein, dass nicht der strenge Polizist in der Verkehrskontrolle mir Angst macht, sondern ich mir selbst? Die schwere Uniform und die Dienstwaffe sind doch beeindruckend, was hat das also mit mir zu tun? Wie wir trotzdem unsere

Gefühle selber machen, erklären Psychologen mit dem ABC-Modell. Es stellt dar, dass dem Gefühl zunächst ein Gedanke vorausgeht, der es auslöst. So, wie ein Buchstabe dem andere folgt. Auf A folgt B – auf einen Gedanken folgt ein Gefühl. Aber auch Gedanken wiederum haben oft einen Auslöser – damit kommt nun doch wieder der äußere Umstand ins Spiel, in diesem Falle der Polizist. Es ist wie mit einem Dominospiel: Zuerst fällt der eine Stein, dann der nächste, und wieder der nächste. In der Reihefolge sieht es also so aus: Erst ein Auslöser, dann folgt ein Gedanke, dann als Konsequenz ein Gefühl. Aus dem englischen stammt die Reihenfolge ABC: A für Activation, B für Belief, C für Consequence: Der Polizist erscheint (A), ich denke „Nun werde ich kontrolliert" (B), und bekomme folglich Angst (C). Diese Reihenfolge begleitet uns durchs ganze Leben. Es ist ein Mechanismus, der fast immer greift.

Das ABC-Modell – was steckt dahinter?

Unterschiede im Denken bewirken also Unterschiede im Empfinden: Der eine Autofahrer bekommt Angst, weil er sich kontrolliert fühlt, ein anderer wird sauer, weil er nun nicht rechtzeitig zur Arbeit kommt, ein Dritter freut sich, weil der kontrollierende Polizist zufällig ein Kamerad aus dem Schützenverein ist. So vielfältig kann Denken sein, so unterschiedlich jede Emotion - bei ein und derselben Sache. Jeder Mensch ist nun mal ein anderer, da bleibt das nicht aus. Doch wenn man den Faden zu Ende spinnt, dann kommt eine Frage auf: Wenn drei

Menschen, die dreimal unterschiedlich denken, auch dreimal unterschiedlich fühlen – wie ist es dann, wenn ich selbst unterschiedliche Gedanken zu einer Sache habe? Kann ich meine Gefühle zu einer Sache ändern, indem ich einfach ein, zwei, drei andere Gedanken über sie denke? Es kommt auf ein Experiment an.

Anders Denken – das Experiment

Stellen Sie sich vor, Sie sind niedergeschlagen, weil Ihre verhasste Schwiegermutter übers Wochenende zu Besuch kommt. Nur wegen ihr können Sie nicht zu Ihrem geliebten Fußballspiel. Schlimm genug. Es wird ein schreckliches Wochenende, das ist nicht zu vermeiden. Oder doch? Denken wir also! Und denken wir einmal anders: Die Umstände kennen wir, Sie sind am Boden zerstört. Doch bringen neue Gedanken wirklich eine Besserung Ihrer Stimmung?

Gedanke eins: Schwiegermutter, kein Fußball, Wochenende im Eimer. Sie fühlen sich elend. Das ist der Ausgangspunkt.

Doch probieren wir es mit Gedanken zwei: „Beim letzten Mal blieb sie eine ganze Woche! Gott sei Dank sind es nur zwei Tage, die gehen rasch vorüber. Zum Glück fällt nicht auch noch Mittwoch der Skatabend aus. Ein Glück.“

Eine neue Idee, und schon tritt etwas Linderung ein. Ein Wochenende, das ist zu verkraften. Besser als eine ganze Woche.

Anscheinend funktioniert das ABC-Modell; werden wir also mutiger und wagen Gedanken drei: Schaffen wir es, allein Kraft unserer Gedankenumstellung, uns sogar auf die Schwiegermutter zu freuen?

Wie eine Katastrophe zum Glücksfall wird

Überlegen Sie – welche Gedanken wären hierfür nützlich? Welche Aspekte sehen Sie noch nicht, die sogar im Angesicht der Schwiegermutter aus Ihnen einen zufriedenen Menschen machen? Allein schon die Gewissheit, dass Sie mit Ihrem Denken Einfluss auf Ihr Leben nehmen können, sollte Sie anspornen. Werden Sie kreativ, denken sie nicht allein in alten Bahnen - Sie sehen, wie schädlich das sein kann. Hier einige Tipps, wie es Ihnen wesentlich besser gehen könnte: Freuen Sie sich darauf, dass Sie nach diesem Wochenende wieder für ein Jahr Ruhe haben; dass Ihre Frau wieder wesentlicher zufriedener sein wird; dass die Kinder ihre Oma mal wieder sehen. Oder ist die Schwiegermutter gar eine gelungene Ausrede, an diesem Wochenende keine Überstunden zu machen? Plötzlich wird aus einem Drama gar ein ganz besonderer Glücksfall. Allein Ihr Denken, allein Ihre Einstellung, allein Ihre Ansichten – nichts steuert Ihre Gefühle so sehr wie Sie selbst.

Sich Gedanken machen, wie man denkt

Das ABC-Modell ist also nicht nur eine wissenschaftliche Erklärung für die Entstehung von Gefühlen. Das ABC-Modell ist ein nützliches Handwerkszeug, um Einfluss auf unseren Gesundheitszustand zu nehmen. Gedanken sind die Weichen, die unser Empfinden in verschiedene Richtungen lenken. Viele unserer Gedanken sind uns nicht einmal wirklich klar – dennoch: Zumeist sind es irgendwelche unbewussten Gedanken, Glaubenssätze, Ansichten, die darüber entscheiden, ob wir ein glücklicher oder unzufriedener Mensch sind. Im Umkehrschluss bedeutet das: Bekomme ich mein Fühlen in den Griff, wenn ich mir meiner Gedanken bewusst bin? Was sind meine (B) Gedanken, die mich (C) glücklich oder unglücklich machen? Und was kann, was muss ich an (B) den Gedanken ändern, um mich in (C) wieder besser zu fühlen? Wer Herr seiner Gedanken wird, schafft es auch, Herr seiner Gefühle zu werden. Frustration, Niedergeschlagenheit, ja sogar Depressionen – sind sie beherrschbar, einfach nur, indem man seine Gedanken bewusst einsetzt?

Bewusstheit kann heilen

Trotz allem bleibt das ABC-Modell ein theoretisches Modell. Im Alltag laufen diese Prozesse blitzschnell und unbewusst ab. Unbewusste Prozesse sind weitaus komplexer und umfangreicher, als dieses simple Schema erklärt. Doch in der Grundstruktur vermittelt das ABC-Modell alles, was es zu wissen gibt. Wer glaubt, was er schon immer geglaubt hat, wird fühlen, was er schon immer gefühlt hat. Neues Denken, neue Ansichten, neue Glaubenssätze – der Mut zur Veränderung im Kopf führt zu Veränderungen im Herzen.

Das bewusste Umdenken ist vor allen Dingen Übungssache. Es funktioniert nicht sofort, aber im Laufe der Zeit immer besser. Übung macht auch hier den Meister. Verlassen Sie die eingefahrenen Bahnen, haben Sie Mut, anders zu denken. Werden Sie sich Ihrer hinderlichen Gedanken zunächst bewusst – und denken dann gezielt um. Nicht die Dinge selbst, einzig unsere Betrachtung entscheidet darüber, ob wir uns wohl fühlen oder nicht. Glücklichsein oder unglücklich – auf diese Weise ist es keine Frage des Schicksals mehr, sondern der bewussten Entscheidung, alles mit gesund machenden Ansichten zu betrachten.

Schlusswort

Von der Herausforderung, anders zu sein

Fahren Sie ein Auto wie jedes andere, können Sie es bei jedem auftretendem Mangel in die Werkstatt bringen. Besäßen Sie aber das einzige Raumschiff auf der Welt, könnte Ihnen keine Werkstatt der Welt weiterhelfen. In Ihrer Krankheit sind Sie einzigartig. Bei einer Manie kann das phantastisch sein, bei einer Depression schrecklich. In vielen Dingen sind Sie also wesentlich mehr auf sich selber angewiesen als andere Menschen. Es ist Ihr Leben, und die Lösungen können allein Sie finden. Krankheit ist eine Aufforderung, seinen Weg zu finden.

Der Verständlichkeit halber nutzte dieses Buch plastische, leicht verständliche Beispiele. Wer Ufos sieht, ist zweifelsohne krank. Doch was, wenn eine Frau eifersüchtig ist, weil ihr Mann fremdgeht? Der Mann bezeichnet sie als verrückt, sich so etwas einzubilden, ihre beste Freundin hingegen fordert sie auf, ihn umgehend zu verlassen. Wie soll die Frau entscheiden? Krankheit findet also oft in einem Graubereich statt, im Niemandsland zwischen Wahn und Wirklichkeit.

Für uns Kranke ist unser Erleben Wirklichkeit. Für die Angehörigen und Ärzte mag es Sinn machen, ufosehende Menschen als schizophren in Kliniken zu behandeln. Doch verfährt man auch mit eifersüchtigen Ehefrauen so? Und wie würde sich die Ehefrau fühlen, aufgrund ihrer Eifersucht für 3 Monate auf der geschlossenen Psychiatrie zu landen und erst entlassen zu werden, wenn sie bereit ist, unter der Wirkung von Psychopharmaka wieder mit ihrem Mann zu schlafen? Dann wird Psychiatrie zu Zwang und damit zum Instrument der Mächtigen.

Wenn man Sie davon abbringt, an Ufos zu glauben, nennt man das Heilung. Wenn man Sie davon abbringt, SPD zu wählen, ist das Gehirnwäsche. Und wieder betrachten wir die eifersüchtige Ehefrau. Was ist bei ihr die Heilung, was die Gehirnwäsche? Hat sie das Recht, ihrem Mann aus Wut die Teller um die Ohren zu werfen oder ist das bereits fremdgefährdender Wahnsinn? Und sollte man als Freundin die Polizei rufen, um sie einweisen zu lassen oder stattdessen noch das Geschirr aus dem Keller holen, damit der tobenden Frau nicht die Teller ausgehen?

Manchmal bedeutet Krankheit vernünftigerweise Krankheitseinsicht, manchmal muss man aber auch für sein Recht eintreten, anders sein zu dürfen, als andere einen haben wollen. Es ist Ihr Leben. Es sind Ihre Entscheidungen.

Wenn Sie hungrig sind, kämen Sie nicht auf die Idee, andere für sich kauen zu lassen. Aber wenn Sie Fragen stellen, glauben Sie, andere müssten eine Antwort haben. Übernehmen Sie Verantwortung. Trauen Sie sich zu, Ihre eigenen Antworten zu finden. Krankheit ist nicht Schicksal, Krankheit ist Aufgabe.

Die von Schizophrenie genesene Arnhild Lauveng
schreibt in ihrem Buch „Morgen bin ich ein Löwe"
über ihre Jahre in der Psychiatrie:
„Ich bekam keine fertigen Antworten,
sondern ein Stück Boden, auf dem ich
meine eigenen Antworten anbauen konnte."

„Ich geh meine eigenen Wege,
ein Ende ist nicht abzusehn.
Eigene Wege sind schwer zu beschreiben,
sie entstehen ja erst beim Gehn."
Songtext.
Heinz Rudolf Kunze

B...
wie „Berufe"

Psychiater sind Ärzte. Sie haben Medizin studiert und betrachten psychische Erkrankungen aus medizinisch-naturwissenschaftlicher Sicht. Hierzu gehört, dass sie seelische Erkrankungen als Fehlfunktion des Gehirns verstehen und zumeist medikamentös zu behandeln suchen. Sie betrachten seelische Krankheiten aus der Sicht von Medizinern und sehen das Gehirn als Organ, ähnlich wie das Herz, das wieder stabilisiert und auf Trab gebracht werden muss und kann.

Psychologen dürfen keine Medikamente verschreiben. Ihr Werkzeug ist das Gespräch und die Information. Psychologen gehen davon aus, dass psychische Erkrankungen zunächst eine seelische Ursache haben, die es aufzudecken und zu entschlüsseln gilt. Sie haben Psychologie studiert und stehen mit ihren Ansichten manchmal den Psychiatern gegenüber, die naturwissenschaftlich anders urteilen.

Therapeuten sind Psychiater oder Psychologen mit einer zusätzlichen therapeutischen Ausbildung. In der Therapie können Probleme besprochen und Lösungen erarbeitet werden. Sie nennen sich oft „medizinischer" oder "psychologischer Psychotherapeut".

Betreuer sind Personen, die sich um Ihre Belange kümmern, wenn Sie dazu nicht in der Lage sein sollten. So kann sich ein Betreuer beispielsweise um Ihre Finanzen kümmern, während Sie länger im Krankhaus sind. Oder um Ihre Wohnangelegenheiten. Ein Betreuer kann eine professionelle Person sein, oder eine von Ihnen frei ausgewählte private Person. Der Betreuer wird offiziell vom Gericht ernannt, also "bestallt". Die Betreuung kann in verschiedenem Umfang geregelt werden.

Sozialarbeiter helfen Ihnen bei der Abwicklung von praktischen Fragen und auch Amtsangelegenheiten. Sie stehen Ihnen mit Rat und Tat zur Seite, wenn Sie schwierige Behördengänge oder komplizierte Amtgeschäfte abzuwickeln haben. Sie können Ihnen auch bei der Wohnungsbeschaffung o.ä. hilfreich sein.

Ergo- und sonstige Therapeuten können Ihnen mit verschiedenen Therapieangeboten und Übungen helfen. So können praktische Übungen wie computerunterstütztes Lernen oder Handwerken helfen, Ihre Konzentrationsfähigkeit wieder herzustellen, oder andere krankheitsbedingte Defizite zu lindern.

Krankenpfleger auf den Stationen kümmern sich um die alltäglichen Aufgaben wie Pflege, Medikamentenausgabe oder Essensverteilung. Gleichzeitig dienen sie aber auch als Ansprechpartner, wenn Sie Anliegen, Bedürfnisse oder Fragen haben.

Sie können sich vertrauensvoll an das Pflegepersonal wenden, wenn Sie ein Anliegen haben. Vielleicht kann man Ihnen weiterhelfen oder an den geeigneten Gesprächspartner weiterleiten.

E…

wie „Einrichtungen"

Geschlossene Stationen nehmen Patienten auf, die aufgrund ihrer Gesundheitslage vorübergehend Vollzeit betreut und beobachtet werden sollen. Innerhalb der Station kann sich der Patient frei bewegen, darf jedoch die Station nicht (später allerdings stundenweise) verlassen.

Offene Stationen nehmen Patienten auf, die aufgrund Ihrer Krankheitslage nicht in der Lage sind, ihren Alltag allein zu bewältigen oder wo es angemessen ist, das vertraute Umfeld vorübergehen zu verlassen. Außerhalb der Therapieangebote kann sich der Patient frei in und außerhalb der Klink bewegen.

Tageskliniken sind Tageseinrichtungen, bei denen der Patient abends nach Hause fahren kann und so sein normales Leben weiterführt. Tageskliniken sind vor allem sinnvoll, wenn ein Behandlungswunsch besteht, ohne sich gleich ganz aus dem vertrauten Umfeld zurückzuziehen.

Ambulante Einrichtungen sind Einrichtungen, die der Patient nur stundenweise in Anspruch nimmt und sonst sein gewohntes Leben ungehindert weiterführt. Hierzu gehören *ambulante (Psycho-) Therapien* oder die *Ambulanzen der verschiedenen Kliniken*. Ambulante Einrichtungen können gut auch stützend in Anspruch genommen werden.

Kontakt- und Beratungsstellen sind das Bindeglied zwischen Psychiatrie und Selbsthilfe. Bei ihnen können Menschen und Mitbetroffene kennen gelernt, Informationen ausgetauscht und Rat eingeholt werden.

Selbsthilfegruppen geben Betroffenen die Möglichkeit, sich mit anderen Betroffenen auszutauschen und gemeinsam Lösungen zu finden. Selbsthilfegruppen gibt es zu den unterschiedlichsten Themengebieten.

Rehabilitationseinrichtungen dienen dazu, sie wieder in den Alltag zu integrieren oder sollen den Wiedereinstieg ins Berufleben fördern. Diese Einrichtungen haben verschieden Kostenträger und unterschiedliche Zielsetzungen.

M...

wie „Medikamente"

Psychopharmaka nennt man eine Reihe von Medikamenten, die zur Behandlung von psychischen Erkrankungen eingesetzt werden. Je nach Erkrankung gibt es verschiedene Medikationen.

Funktionsweise: Zwischen den einzelnen Nervenzellen des Gehirns werden Botenstoffe ausgetauscht, die so genannten Neurotransmitter, die Informationen tragen und weitergeben. Bei psychischen Erkrankungen geht man davon aus, dass das Gleichgewicht dieser Botenstoffe nicht mehr vorhanden ist und es deswegen zu Fehlfunktionen kommt, die medikamentös gesteuert und behoben werden können.

Psychopharmaka gibt es zu den verschiedensten psychischen Erkrankung, zum Beispiel **Neuroleptika** bei Psychosen oder Schizophrenie, **Lithiumsalze** bei bipolaren Störungen, **Antidepressiva** bei Niedergeschlagenheit und Depressionen. Im Detail fragen Sie allerdings besser, wie heißt es so schön, Ihren Arzt oder Apotheker, der Ihnen genaue und detaillierte Informationen geben kann.

Nebenwirkungen: Psychopharmaka sollen nur in bestimmten Hirnregionen Veränderungen bewirken, ihre Wirkung erstreckt sich aber den Stoffwechsel des gesamten Gehirns und auch auf andere Organe. Nebenwirkungen wie Müdigkeit oder Niedergeschlagenheit sind daher üblich, aber auch stärkere Nebenwirkungen sind leider möglich. Bei modernen Medikamenten sind Nebenwirkungen oft geringer als bei über Jahre etablierten Produkten, da auch hier die Forschung weiter geht. **Beipackzettel der Medikamente**, die Sie auf Anfrage auch im Krankenhaus einsehen können, können hier weiter informieren.

Medikamente können zwar nicht immer Ihre Probleme lösen, bieten oft aber eine gewisse Stabilität für Leben und Alltag. Ob und wann, wie und in welcher Form die Einnahme von Medikamenten sinnvoll ist, sollte im Einzelfall mit Ihrem Arzt besprochen werden. Eine generelle Einschätzung ist leider aufgrund der Vielschichtigkeit psychischer Erkrankungen nicht möglich.

Auch sollten Sie überlegen, ob nicht auch weitere Angebote, wie eine **Psychotherapie** oder die Teilnahme an einer **psychoedukativen Gruppe** oder der Beitritt in eine **Selbsthilfegruppe** für Sie sinnvoll sind. Diese Angebote bestehen zum Teil während, aber vor allem außerhalb eines stationären Aufenthalts. Zum Großteil muss man sich selbst darum bemühen, es ist nicht Teil des krankenhäuslichen Angebots.

D ...
wie „Diagnose"

Diagnosen gehören zum medizinischen Alltag wie das Essen und Trinken. Aus dem medizinischen Sektor sind Diagnosen nicht wegzudenken. Sie werden also vielleicht irgendwann zu hören bekommen, dass Sie an Schizophrenie leiden, eine Psychose haben, an Depressionen leiden oder eine Persönlichkeitsstörung haben.

Grundlage für die Diagnostik ist der **ICD-10**, nachdem in Deutschland Krankheiten allgemein klassifiziert sind. Psychische Erkrankungen stehen in der Kategorie F, versehen mit einem Zahlencode. Beispielsweise steht F 25.0 für eine schizoaffektive Psychose – einer Störung des Fühlens und Erlebens.

Diagnosen können verunsichern, weil man mit den Krankheitsbegriffen noch nicht allzu viel anfangen kann. Generell lässt sich sagen, dass Diagnosen keine Bewertung ihrer Eigenschaften als Mensch sind, also keine Bewertung ihrer Persönlichkeit, sondern ein neutraler Kategorisierungsaspekt, der sich lediglich nach bestimmten Diagnosekriterien richtet und vollkommen bewertungsfrei ist. Diagnosen beziehen sich nicht auf Ursachen, sondern auf die aktuellen Auffälligkeiten/ Symptome.

Sie können also auch mit einer psychiatrischen Diagnose durchaus ein glückliches und erfülltes Leben führen - Diagnosen sagen über die Qualität Ihrer Persönlichkeit und Ihres Lebens nichts aus. Nach Ihrer Diagnose richten sich Medikation und Therapiekonzepte und müssen im Alltag nicht immer relevant sein. Die wenigsten Menschen würden Sie dafür verurteilen, dass Sie Diabetes haben. Auch Ihre Diagnose ist nur ein Fachbegriff. Andere Aspekte an Ihrer Persönlichkeit sind wichtiger.

Der Vorgang, sich selbst wegen seiner Diagnose zu verurteilen, zu schämen und sogar zu hassen, nennt man **Selbststigmatisierung**. Hüten Sie sich davor.

Auch wenn Diagnosen wie Schubladen wirken –
Jede Socke ist doch anders.

Stecken Sie sich also nicht selbst in eine Schublade.

N …

wie „nützliche Adressen in Essen"

Wiese e.V.

Beratungsstelle für Selbsthilfegruppen

und Interessierte

Pferdemarkt 5

45127 Essen

0201- 20 76 76

www.wiesenetz.de

selbsthilfe@wiesenetz.de

Arbeiter-Samariter-Bund

Treff für Betroffene

und Angehörige

Beratungsstelle

Sozialpsychiatrisches Zentrum

Henricistr. 108

45136 Essen

0201- 2696294

kbecker@asb-ruhr.info

Stützpunkt

Kontakt- und Beratungsstelle

Germaniaplatz 3

45355 Essen

Telefon: 0201/6400-5341

E-Mail: stuetzpunkt@kk-essen.de

Essener Kontakte e.V.

Kontakt- und Beratungsstelle

Frohnhauser Platz 1

45145 Essen

Fon: 0201 73 36 46

Fax: 0201 1807879

kontaktstelle@essener-kontakte.de

www.essener-kontakte.de

Bundesverband der Angehörigen psychisch Kranker (BApK)

Oppelner Str. 130

53119 Bonn

Tel: 0228 71 00 24 00

Mail: bapk@psychiatrie.de

Web: www.bapk.de

Landesverband

Psychiatrie-Erfahrener NRW

Wittener Str. 87

44 789 Bochum

0234 / 640 5102

http://www.psychiatrie-erfahrene-nrw.de

Telefonseelsorge

0800 / 111 0 111

0800 / 111 0 222

Literaturempfehlung
(zum Hineinschnuppern in „unsere Welt"):

Romane

„**Morgen bin ich ein Löwe. Wie ich die Schizophrenie besiegte.**",
Arnhild Lauveng

„**Ich will doch nur normal sein.**" Tina J., Engelsdorfer Verlag

Multimedia

„**Lorenzos Öl.**" Spielfilm. Mit Nick Nolte.
Über die Macht der Eigeninitiative.

„**A beautiful mind.**" Spielfilm.

„**Einer flog über das Kuckucksnest.**". Spielfilm

„**Rain Man.**" Spielfilm

„**Barfuss.**" Spielfilm

„**Angel Baby.**" Spielfilm

Ratgeber

„Psychosen: aus dem schizophrenen Formenkreis", Josef Bäuml, verständlicher Ratgeber zum medizinischen Teil der Erkrankung

„Bevor die Stimmen wiederkommen", Anke Gartelmann und Andreas Knuf, Vorsorge und Selbsthilfe bei psychotischen Krisen

„Crash-Kurs Psychologie", Thomas Schnura,
3 DVDs, 415 Min.

Vom Autoren selbst erschienen:

„Stunde der Götter." Einblicke in die Welt einer Psychose. Kurzgeschichte. Sonderpunkt Verlag, 2011
EUR 4,50

„Mystiker und Psychotiker treiben beide im Unterbewusstsein. Der Mystiker kann schwimmen, der Psychotiker geht unter."

Maslow

Stefan Pfeiffer (*1967) ist gelernter
Bankkaufmann. Deutsch und Philosophie
als schriftliches Abiturfach. Als
Psychiatrie-Erfahrener schreibt er seit
zehn Jahren Selbsthilfetexte rund um den
Themenbereich Psychologie und
Psychiatrie

„Schizophrenie für Anfänger"
Stefan Pfeiffer, Essen 2014
www.kleine-textwerkstatt.de